Para Florecer

Dios es la Luz Nosotros somos su
ESPECTRO

ORDAINED & ANOINTED
DUANE HAYNES

Por
Embajador
DUANE HAYNES
Fellow

SWEETSPIRE LITERATURE
—— MANAGEMENT ——

DEDICATORIA

*Me gustaría agradecer a todos mis amigos
que han estado a mi lado y me han ayudado
a reunir esta colección de poemas.*

La paz esté siempre con ustedes.

*Los poemas también están disponibles en iTunes y
Spotify. Ilustración: jgpurestudios.com*

Su amigo para siempre

TABLA DE CONTENIDO

SE TRATA DE TI...

Me preguntas por qué soy como soy.

Soy como soy por el camino que he elegido en la vida.

Si defiendes algo, te conviertes en algo.

Pero si no defiendes nada, te conviertes en nada.

Si crees en algo, esa creencia se convierte en tu fuerza.

Pero si no crees en nada, entonces esa nada dejará que nada te derribe.

Es aquello en lo que crees lo que te hace ser como eres.

La vida no es tu forma de ser sino que tu forma de ser es la vida

Porque todo lo que el hombre sembrare, eso también segará. "Gálatas 6 -7"

Si haces el bien, el bien vendrá

Si haces el mal, el mal vendrá a ti.

Esa es la ley y ese es el círculo de la vida.

El que la hace, la paga.

Eres como eres porque has elegido ser así,

no hay otra respuesta.

No mires al mundo que te rodea y veas un lugar feo.

Pero mira el mundo dentro de ti y observa su belleza.

Culpa al mundo de tu forma de ser y perderás.

Cambia tu forma de estar en el mundo y ganarás.

Lucha por la verdad y aprende Su palabra.

Y si lo que buscas es la comprensión de ti mismo, mírate al espejo y te diré lo que ves de verdad.

Ahí terminará tu búsqueda.

Encuentra ese amor aquí dentro de ti, donde siempre ha estado.

Porque eso será todo lo que tendrás al final.

Porque en todo momento serás todo aquello en lo que te has convertido.

Para cuando estés en tu momento más difícil y necesites esa fuerza que te saque adelante.

Todo en lo que te has convertido, será todo lo que necesitas.

TÚ MISMO

Mira a tu alrededor y observa toda la
belleza que te ofrece la vida.

Contempla la naturaleza en todo su
esplendor, tan tranquila, tan quieta,
una belleza propia.

Mira a través de las montañas y contempla la
obra de Dios, desde la tierra hasta el cielo,
hasta donde alcanza la vista.

Con sus manos dio forma a las montañas,
plantó los árboles, dio color a las flores y
nutrió la tierra con agua.

Ahora mira dentro de ti, ve la belleza
que Dios te ha dado.

No te ha dado nada que te haga daño o
te avergüence.

Él te ha dado toda la belleza
que puedas pedir.

Observa tu sonrisa, el color de tus ojos,
tu pelo y la suavidad de tu voz.
Tu piel, suave; tu cuerpo, fuerte.

Sigue así, cuídate.
Ama todas las cosas que te hacen ser tú mismo.

Dios sí, él te creó, utiliza tus talentos
porque son tus dones.

Que nadie te aparte de tu belleza
y te la afee.

Feo es el corazón que no se abre
al amor ni a la felicidad.

Camina orgulloso con la cabeza alta
y los hombros hacia atrás.

Deja de dejar que otros te den tu belleza,
lo que te den, lo usarán en tu contra.

Tu belleza es tuya, guárdala dentro de ti
y ámala, porque eres tú.

Ahora piensa, ¿cómo puedes amar a los demás,
si no puedes amarte a ti mismo?

Mira a tu alrededor y observa toda la belleza
que Dios ha creado para ti.

Ahora mira dentro de ti y ve lo mismo,
estás muy dotado.

Dite a ti mismo: Soy hermoso,
como Dios quiso que fuera.

DESTINO

Un día temprano caminaba por una carretera y llegué a un sendero que se adentraba en la lejanía.

Miré ese camino y empecé a pensar en ello.

Me dije, un hombre hizo este camino.

Un camino que le llevó a su destino con determinación haciendo que su objetivo fuera una realidad.

Pero me pregunto: si tomo este camino, ¿me llevará a mi destino y a mi meta?

Al final de este camino, ¿habré satisfecho mis deseos, necesidades y preguntas sobre mí mismo?

El camino es claro y el camino es ancho, pero el camino no es mío.

Su destino no es mi destino.

Su meta no es mi meta, y miro por el camino y puedo ver a la persona que lo hizo.

Y puedo escucharle llamándome por mi nombre para que venga.

Pero no lo hago, sino que me giro y hago mi propio camino.

Eso me llevará a mi destino y a mi meta.

MOTIVACIÓN

Un poeta que escribe un poema que llega al corazón de todos
y les hace sonreír, excepto a él mismo.

Un cómico gana un trofeo por ser el más gracioso
en el mundo y cuando lo aceptó, no sonrió.

Un hombre corre una carrera sin importarle ganar
o perder, ni siquiera la carrera.

Fue el primer hombre en escalar la montaña más alta y
no le importó, porque su objetivo no era la montaña.

Un actor gana un premio por ser el mejor actor y actuó como si le
importara.

Porque todos ellos sabían que el éxito no es nada
a menos que tengas a alguien con quien compartirlo.

NO HAY DONDE IR

¿Has hecho algo que crees que ha sido lo

mejor que has hecho? y a nadie le importa,

¿qué haces,

adónde vas?

¿Has sentido alguna vez un sentimiento

tan fuerte y grande, en lo más profundo

de tu corazón?

y a nadie le importa,

¿qué haces, adónde

vas?

Todos pensaban que no podrías

hacerlo, pero lo intentaste y lo

conseguiste.

y a nadie le importa,

¿qué es lo que haces,

adónde vas?

Todo el mundo quiere que lo consigas,

y tú les cuentas tus batallas.

y a nadie le importa,

¿qué es lo que haces,

adónde vas?

Cuando no sonríes, y no eres feliz,

Y el sol no brilla sobre ti.

y a nadie le importa,

¿qué haces, adónde

vas?

PEQUEÑAS LÁGRIMAS

¿Has visto alguna vez a un cervatillo justo después que su madre
haya sido avistada como pieza de caza y asesinada ante sus ojos?

¿Has visto alguna vez las pequeñas lágrimas en un par de ojos pequeños?

¿Has visto alguna vez crías de pato después de ver
cómo su madre saltaba por los aires?

¿Has visto alguna vez las pequeñas lágrimas en un par de ojos pequeños?

¿Has mirado alguna vez a los ojos de un cachorro
después de habérselo quitado a su madre?

¿Has visto alguna vez las pequeñas lágrimas en un par de ojos pequeños?

Los grandes búfalos que una vez vagaron por las grandes
llanuras de una tierra ahora robada. Solían correr en
manadas de cientos y mataban en manadas de miles.

¿Quién ha visto alguna vez las lágrimas de los
jóvenes búfalos abandonados a su suerte?

¿Quién ha secado alguna vez las lágrimas de los ojos de
los pequeños que vieron morir a sus madres?

¿QUIÉN les quiere cuando ella ya no está?

LAS FOCAS ARPA HABLAN POR ÚLTIMA VEZ

¿Es verdad lo que dicen, que el hombre está
hecho a imagen y semejanza de Dios.

Si es así, ¿dónde está tu corazón cuando pretendes despojarme de mi piel?

¿Llora por la noche después de haber matado a cientos de bebés
durante todo el día o ha defendido a capa y espada sus costumbres?

¿Qué utilizan para quitarse mi sangre de las
manos y mi imagen de sus mentes?

Y cuando me escuchan gritar de dolor y gritar de
miedo, ¿qué les hace seguir adelante?

Yo también soy una creación de Dios, para ser amada y masacrada.

Pero no es sólo el hombre, porque si la mujer dejara
de llevarme, dejaría de matarme.

UNA CARTA A DIOS

Estuve vivo una vez, o es esa la pregunta que debo hacerme.

Dentro de la casa de mi madre, no escuchaba el eco
de los gritos porque me estaban formando.

Realmente no la conocía entonces, ni a mi padre,
pero sólo podía sentir su calor.

Empezaron a crecerme las piernas y luego los brazos.

Pensé: ¿quién seré yo?

Constantemente me decía,

voy a ser como ellos,

voy a ser como ellos.

Voy a amarlos y hacerlos felices.

Voy a trabajar duro, muy duro por mi mami y mi papi porque me quieren.

Pero de repente sentí que tiraban de mi cuerpo y lo desgarraban.

Primero mis piernas, luego la mitad de mi pecho,
mi brazo izquierdo, mi brazo derecho.

Me dolía y no podía gritar.

Intenté llorar, pero no tenía lágrimas.

Oh, Dios.

Oh, Dios.

¿Qué pasó?

¿Qué ha sido de mi vida?

EL MUSEO DE ARTE

Entré tranquilamente en el Museo de Arte para
contemplar antiguas obras de arte.

Caminé en silencio hacia unas escaleras sin saber adónde iba realmente.

Llegué al segundo piso, hacía frío y silencio, mucho frío.

Objetos sin vida que permanecen inmóviles

En tumbas de cristal que me recuerdan la vida de antes.

Y me dije, existen dos cosas que me recordarán mañana,
una partida de nacimiento y otra de defunción.

Me adentré aún más en la gigantesca tumba, tan fría y silenciosa.

De vez en cuando se me helaba el cuerpo por
la frialdad, tan fría y silenciosa.

Los guardias permanecen de pie, sin vida, con sus ojos
observándote, fríos y silenciosos, tan fríos.

Objetos antiguos que te observan

Míralo, quieto, sin moverse, sin moverse.

Caminé hacia el ascensor y me quedé de pie mientras pasaba a mi lado.

Sonaba como espíritus pasando de un pasado a otro.

Paré el siguiente ascensor, silencioso y veloz me llevó a otro pasado.

La puerta se abrió a otra tumba, tan fría y silenciosa, tan fría.

Objetos antiguos de otra tierra y otro pasado, fríos.

Se quedan ahí parados,

frío,

frío,

y yo intentando dar nueva vida a cada uno diciendo ¿WOW?

Maniquíes sin rostro, de pie en tumbas de cristal en el presente,
vistiendo atuendos de una tribu que fue grande en el pasado.

¿Eran geniales?

¿Vivieron como dicen que vivieron?

No vivieron para ser grandes.

Vivían para vivir.

Para nosotros, hicieron grandes cosas porque somos
demasiado cerrados de mente para pensar otra cosa.

Fui al ascensor y empujé uno.

Pensé para mí, uno al presente, uno al presente.

Cuando se abrió la puerta del ascensor, salí y me di cuenta.

Estaba entrando en otra tumba gigante moribunda, tan fría, tan fría.

REALIDAD

La realidad, algo a lo que la gente nunca desea enfrentarse.

Es como un cuadro que te mira todo el tiempo.

No es frío ni caliente, ni largo ni corto, ni grande ni pequeño.

No es un sueño del que te despiertas, ni un deseo que se hace realidad.

No golpea a algunas personas todo el tiempo ni a todas las personas algunas veces.

No es un interruptor que se enciende o se apaga.

La gente no puede enfrentarse a la realidad porque no puede enfrentarse a la verdad, a sí misma.

La REALIDAD es lo que es, REALIDAD.

MUERTE A UN POEMA

En el mundo solitario de tu propia tumba,
te sientas inmóvil en una silla leyendo mi poema.

Mis palabras cuidadosamente escogidas traen visiones
profundas a tu mente, mientras destruyes cuidadosamente
este gran poema mío.

Los viejos ojos rojos leen palabras muertas que reviven en un
segundo para volver a morir.

Pensamientos melancólicos alcanzando cráneos vacíos
para pasar idea creída por cadáveres otra vez.

A medida que avanza la lectura la noche se hace más profunda,
las palabras de la vida perdida se desmoronan hasta su último guardián.

Ser enterrado con el creador cada vez más profundo.

EL CREYENTE INTERIOR

Conocí a un hombre que soñaba que su sueño se haría realidad algún día.

A nadie le importaba ni entendía la razón de su sueño.

Y se rieron de él.

Él estaba solo con su sueño en un mundo abarrotado y ella estaba con él.

Trabajaba día tras día en su sueño, día tras día.

Ideas, pensamientos, planificar, trazar, revisar, rehacer, pensar...

Probó esto y aquello, y no funcionó.

Probó esto y lo otro y seguía sin funcionar.

Pero creyó en sí mismo, creyó en Dios y volvió a intentarlo.

Recordó que no podía construirlo todo a la vez y hacerlo funcionar.

Pero primero tuvo que construir la base y a partir de
ahí fue subiendo. Añadiendo poco a poco.

Sigo planeando, tramando, revisando, rehaciendo, pensando...

Un día, su sueño se hizo realidad.

Un día todas las piezas encajaron y funcionó.

Y sonrió pensando en todo el trabajo que le costó hacer realidad su sueño.

Se levantó orgulloso de sí mismo y se dijo.

"Creía en mí mismo, creía en Dios y creía que no podía hacerlo.

Era tan fácil, pero a la vez tan difícil.

Creer en uno mismo y en Dios y empezar primero por la base".

CAPTURAR UN SUEÑO

Conocí a un hombre que perseguía su sueño a través del horizonte.

Sabía que si alcanzaba su sueño se convertiría en el
hombre completo que se esforzaba por ser.

Planeó, tramó, trazó y pensó cómo alcanzar su sueño.

Se dijo: "Un día serás mía, un día serás mía".

Día tras día perseguía su sueño por el horizonte.

Su sueño dio sentido y propósito a su vida.

Entonces un día atrapó su sueño y lo mantuvo cerca de él.

Le dijo al mundo: "Yo lo hice, es mío, yo lo hice, es mío".

Ahora sabía que estaba completo.

Su sueño era como una roca en sus manos.

Y esta roca empezó a crecer, y crecer y crecer
hasta que ya no pudo sostenerla más.

Y se le cayó, y casi lo mata y quedó tendido.

Y vio cómo se alejaba su sueño.

Y una pequeña lágrima cayó de su ojo, esta lágrima cayó porque se
dio cuenta que no podía aferrarse a su sueño hecho realidad.

No estaba preparado, y se preguntó por qué.

Y sabía por qué, ese sueño que soñó no se hizo realidad como él lo soñó.

Y nunca lo hacen.

REALIDADES DE UN SUEÑO

Soñaba con tener una mujer tan real y hermosa para mí.

Su piel, suave y tersa.

Su voz suave y cálida.

Sus ojos tenían un brillo profundo que me
mostró la profundidad de su alma.

Se erigió como una mujer en sí misma y una mujer orgullosa.

Pero siempre me despertaba de mis sueños llorando porque sabía
que los sueños nunca se harían realidad, simplemente lo sabía.

Perseguí ese sueño por el universo en las solitarias noches
de frío tratando de enjaular un rayo de sol.

Entonces, una tarde, la realidad se cruzó en mis sueños y te dejó allí.

Te mantuviste orgulloso en tu lugar con tu
sonrisa calentando mi alma interior.

Tu piel era suave y tersa

Tu voz era suave y cálida.

Al mirarte a los ojos vi la profundidad de tu alma.

Extendí la mano para tocarte, pero algo me detuvo.

No podía no tocarte, y lo intenté una y otra
vez, pero seguía sin poder tocarte.

¿Y no sabía por qué?

Ahora me encuentro en la bruma del vacío sin un sueño al que aferrarme y una realidad que no puedo tocar.

Y me pregunté.

Si los sueños son lo que nos esforzamos por hacer realidad, y la realidad es la realidad de nuestros sueños.

Entonces la realidad y los sueños, son dos de la misma cosa.

GUERRERO AFRICANO

Recuerda siempre que eres uno con la naturaleza,
aprende de ti mismo y de Yahuah.

Como una semilla que crece en la tierra, primero debes
plantarte en tierra firme y crecer a partir de raíces sólidas.

Constrúyete una base, crece desde dentro.

Observa el águila que vuela sobre la tierra.

Observa cómo acecha a su presa desde arriba y, cuando
llega el momento, se zambulle y ha ganado.

Pero recuerda, asegúrate de que eso es lo que quieres.

Observa al gato en el suelo, mira cómo acecha a su
presa dándole una salida para escapar.

Y cuando llega el momento, salta y ha ganado.

Pero recuerda: mira, mira antes de saltar, porque cuando
llega el momento adecuado, todo es posible. Si tú crees.

Porque tus hermanos han construido grandes pirámides
en Egipto y han logrado muchas cosas grandes.

"Porque si no fuera por ellos, no existiríamos nosotros.
Y si no fuera por nosotros, no existirían ustedes.

Siéntete orgulloso de ellos, siéntete orgulloso de ti mismo, cree en ti.

Mantén la cabeza alta como un antiguo rey orgulloso.
Porque formas parte de un gran pueblo.

Porque debes elegir una compañera para ti que trabaje contigo
a tu lado, como tú debes trabajar con ella a su lado.

Debe ser positiva en sus formas y llegar contigo y no contra ti.

Abrázala, tenla cerca de ti, porque ella es parte de ti,
como nosotros somos parte el uno del otro.

Porque ella es tu Reina y tú el Rey.

Quiérela y ella te querrá.

Porque tu casa es tu reino, protégela, protégela, protege a tu familia.

Enséñales a amar la vida, a los demás y a Yahuah.

Porque no has vivido de verdad hasta que no has
amado, porque sin amor, no tienes nada.

Ya ves hijo mío, el hombre no es capaz de guiar a
los hombres, si no puede llevarlos al cielo.

Tú eres el cabeza de familia, dirígelos.

Porque debes desarrollarte para ser tan seguro como el águila,
tan veloz como el gato y llevar la bondad de los dioses.

Porque eres como la naturaleza, bella en sí misma.

Saberlo, serlo.

Usa tus manos para crear las cosas bellas que ves en tu corazón.

Usa tu voz para crear canciones, tu cuerpo para crear danza.

Comparte estos dones con el mundo, sé uno con los cielos.

Deja que el espíritu te mueva, deja que el espíritu te guíe.

Porque si no te mueves en los espíritus, no te mueves en absoluto.

Como los árboles que crecen altos y fuertes en el bosque, sé fuerte hijo mío.

Luchar por la bondad

No lo hagas porque todo el mundo lo hace, sólo porque sea popular no significa que sea correcto.

Porque Yahuah te ha dado el derecho a elegir, pero puede que todo lo que elijas no sea correcto. La decisión es tuya.

No mates por placer ni destruyas por envidia.

Dóblate con el viento pero no te rompas, y no quemes los puentes de los caminos que hagas.

No dejes que tus deseos se conviertan en tus necesidades y esfuérzate por conseguirlos.

Deja que tus necesidades superen siempre a tus deseos y recuerda que las necesidades de muchos superan a las necesidades de unos pocos.

Sé firme en tus caminos, mantente erguido y fuerte entre tu pueblo.

"Eres sólo otro eslabón en una cadena de grandeza".

Vive la vida en plenitud,

vive cada minuto al momento.

Sé todo lo que puedas ser.

Sé un guerrero africano.

ENCONTRAR A DIOS

En la hora más profunda y oscura de tu vida,

cuando sientas que lo has perdido todo, busca.

Es entonces cuando lo encontrarás.

RECUÉRDAME

El primer día dije: "Hágase la luz, y se hizo la luz".

Y separé la luz de las tinieblas y la luz dominó el día y las tinieblas dominaron la noche.

Y yo dije: "Estuvo bien".

Yo soy el Alfa y la Omega, el principio y el fin.

Hice carne mi palabra.

Yo soy la zarza ardiente que llamó a Moisés al monte Sinaí

Yo estuve con Daniel en el foso de los leones.

Enrojecí las aguas, liberé a la nación y la conduje a la tierra prometida.

Con una copa de vino y un pan alimenté a las multitudes.

Recorrí las aguas, calmé los mares y aquieté las tempestades.

Porque como tú eres, yo era, y como yo soy, tú serás.

Pues inspiré a grandes hombres para que escribieran sobre mis obras, que vosotros llamáis milagros.

Para que sus hijos sepan y los hijos de sus hijos sepan quién soy.

No saber quién era ese yo, porque nunca lo fui. Siempre lo estoy.

Sadrac, Mesac y Abednego, en el horno de fuego, sabían quién soy yo.

Pablo sabía quién era yo.

¿Recuerdas, recuerdas quién soy yo?

*Cuando estabas enfermo y dolorido. Cuando sentías
que no tenías ninguna oportunidad.*

*Cuando estabas perdido y solo, confundido y sin un propósito.
Cuando haces daño a quien más te quería y necesitaba.*

Lo sabía, lo sabía.

Cuando llamé a mis hijos a casa, ahora están conmigo, y están en paz.

Y entonces te rendiste y cediste.

*Todo lo que tenías que hacer era venir a mí. Todo
lo que tenías que hacer era venir a mí.*

Y te elevaré más alto de lo que jamás has sido elevado.

Y haré brillar tu luz sobre ti, y resplandecerás.

*Y cuando los infieles vean tu resplandor y lo grande
que has llegado a ser. Y te pregunten....*

Diles quien soy.

Sé testigo de mí y diles, diles quién soy yo.

DIRECCIONES

Lo que sigue seguirá, cualquiera con ojos puede ver la forma de vivir.

Contemplar la vida, observar la naturaleza y cooperar con ella.

Hacer causa común con el proceso de la existencia.

Viviendo la vida por sí misma y obteniendo placer del don del ser puro.

La vida es su propia respuesta, acéptala y disfrútala, día a día.

Vive lo mejor posible, no aceptes más.

No destruyas nada, no humilles nada, no encuentres
defectos en nada, no envidies a nadie.

Deja sin resolver y sin tocar todo lo que es bello.

Porque la vida nos la da el salvador de nuestro universo.

Disfrutar, desafiar y alcanzar un estado de felicidad
interior para cumplir nuestros destinos.

Lo que piensas es lo que eres, mantén siempre pensamientos positivos.

Es importante, muy importante, es el principio.

Porque tus pensamientos se convierten en tus
palabras, que tu palabra sea tu vínculo.

Mantén tus palabras positivas.

Porque tus palabras se convierten en tus actos y los
actos hablan más alto que tus palabras.

Mantén tus acciones positivas.

Porque tus acciones se convierten en tus hábitos
y los hábitos son difíciles de romper.

Mantén tus hábitos positivos.

Porque tus hábitos se convierten en tus valores y lo que
eliges valorar, lucharás por ello, lo apreciarás, lo abrazarás
y creerás en ello, incluso hasta la muerte.

Mantén tus valores positivos.

Tus valores son los límites que rigen tu vida y,
por tanto, se convierten en tu destino.

Si nunca llegas, nunca lo intentas, nunca miras a la vuelta
de la esquina y das ese paso y creces, nunca lo sabrás.

Ten paciencia, porque todas las cosas vienen a aquellos que esperan en la fe

No te apoyes en tu propio entendimiento, porque el Suyo es mayor.

Que tu felicidad no provenga de algo que te pueden quitar,

Pero deja que tu felicidad provenga de algo que está dentro de ti.

Imposible es una palabra que sólo se utiliza para evitar que lo intentes.

Todo es posible.

Deja que tus derrotas y tus victorias te muevan en la misma dirección.

Si nunca ríes, nunca lloras, nunca sueñas, nunca encuentras la
alegría y nunca amas, te perderás todo el sentido de la vida.

Si quieres a alguien especial, tienes que ser alguien especial.

Que te amen por lo quien eres, no por lo que eres.

Y cueste lo que cueste conseguir a ese alguien, eso es lo que costará mantener a ese alguien.

Porque es bueno orar y pedir bendiciones, pero es mejor orar y ser una bendición.

Para cuando la oportunidad llame a tu puerta, aprovéchala con confianza, valor y fe.

Nunca dejes pasar la oportunidad por tu culpa, tómala, sostenla, termínala, porque cuando se ha ido, se ha ido para siempre.

Mantén siempre puros tu corazón y tu mente, porque cuando estás solo tu mente se pregunta hasta lo más profundo de tu corazón.

Porque hay una diferencia eterna entre conocer el camino y andar el camino.

Sé quien Dios quiere que seas, no lo que tú quieres que seas.

Mantente positivo y animado

Yahweh Shammah.

Larga vida y prosperidad.

ESTACIONES

La historia nos dice que muchas grandes naciones han
venido y se han ido, y muchas grandes personas han venido
y se han ido, así como las estaciones vienen y van.

Muchas veces nos fijamos en personas que hacen grandes cosas en
la vida, y a veces las envidiamos y deseamos ser como ellas.

Cambiamos nuestras metas y sueños para querer lo que ellos
tienen, y nos pasamos la vida intentando conseguirlo.

En cambio, recuerda esto: ahora es su tiempo, su
árbol está en sazón y da sus frutos.

No le envidies ni quieras ser como él, es su tiempo, está en sazón,
Dile "Brilla, amigo mío, y alcanza tus más altas cotas.

Porque Dios te ha bendecido ricamente.

En honor a Él, muestra que has aceptado a Dios en tu vida.

Agradécele siempre y hazlo por Él".

Para ti, espera en el Señor con fe y mientras esperas, da.

Da toda la bondad y el amor que tengas.

Reconoce tus dones y aprovecha tus talentos.

Profundiza tus raíces en el Señor y fortalece tu árbol en Su palabra.

Pronto, muy pronto, llegará el momento de que brilles.

Tu árbol estará en sazón y darás tus frutos.

Cuando esto ocurra, lleva tus frutos con orgullo y siéntete orgulloso de ellos.

Son tus dones y talentos, compártelos con el mundo y honra a Dios.

Porque escrito está: "Y será como árbol plantado junto a corrientes de agua, que da su fruto a su tiempo". (Salmo 1:3)

Y la profecía se cumplirá en ti y alguien te dirá.

"Brilla, amigo mío, y alcanza tus mayores alturas.

Porque Dios te ha bendecido ricamente.

En honor a Él, demuestra que has aceptado a Dios en tu vida.

Agradécele siempre y hazlo por Él".

No ames al hombre de Dios.
Es hombre y es imperfecto.

Ama al Dios en el hombre.
Él es Dios y es perfecto.

CENIZAS A CENIZAS

Cenizas a las cenizas y polvo al polvo

Del polvo de la tierra vinimos

Y al polvo volveremos.

En ese lapso de tiempo se nos concede una vida.

Para vivir y aprender, para encontrar la felicidad y alabarle.

Ayudarnos unos a otros y dar amor como se nos da desde arriba.

Ser amables unos con otros, no guardar rencor y no dar la espalda a nadie.

No humilles a nadie ni engañes a tu hermano o hermana.

No lastimes a nadie a sabiendas en sentimientos o a sabiendas en cuerpo.

Ya ves que importa, realmente importa más de lo que nunca sabrás.

La vida es el don que Dios nos ha dado.

La forma en que vivimos nuestra vida es el regalo que hacemos a Dios.

Esfuérzate por conseguir todo lo bueno de la vida y transmítelo.

Haz saber a los demás lo que han hecho bien,
anímales y dales una oportunidad.

Una oportunidad para encontrarse a sí mismos
y ser lo mejor que puedan ser.

Demuestra que Dios vive en ti con tu caminar y tu hablar.

Cuenta tus bendiciones y no des ninguna por sentada.

Mira a tu alrededor, porque hay un gran trabajo por hacer.
Porque Él vendrá como ladrón en la noche.

No se sabe la hora ni el día.

Y al final, todos habríamos sabido lo que hemos hecho.

Y todos sabíamos el camino, y todos sabíamos el porqué.

ENJUSTICIA

Mucha gente no entiende cuando caminas en la luz de Dios.

Cuando caminas en la luz de Dios, caminas en paz y felicidad.

Caminas en amistad y confianza.

No te pongas por encima de los demás ni te creas mejor que ellos.

Porque cuando veas a una persona abatida, no la avergüences, ayúdala, podrías haber sido tú.

Porque la vida y la muerte están en poder de la lengua.

Habla de la vida a las personas que conozcas.

Ser una persona recta, comportarse con respeto, demostrarlo y respetar a los demás.

Ve allí donde te necesiten y echa una mano.

Quédate hasta el final y no huyas ni abandones.

El mero hecho de estar a tu lado marca la diferencia.

Porque una persona justa da, se preocupa, comparte y ama.

Porque cuando das de verdad, das de ti mismo.

Cuando te preocupas, lo haces profundamente.

Cuando compartes, es siempre.

Cuando amas, amas desinteresadamente.

Verás, cuando el amor se da desde el corazón, se nutre del corazón.

Cuando das amor con ira, alimentas esa ira.

Crece a semejanza de Dios.

Cree en el bien y haz el bien, sé comprensivo y abierto.

Acércate a los demás y deja que ellos se acerquen a ti.

Ama y sé amado, porque ése es el camino hacia la justicia.

Mantente firme en tu fe y sé agradecido.

Agradecido por todo lo que se te ha dado.

Comparte el amor y disfruta cada minuto.

Porque ése es el don de Dios.

Paz a ti y que toda la belleza dentro de ti sea glorificada.

Sé de buen espíritu y haz que los demás sepan que Dios habita en ti.

Brilla con toda Su gloria y luego, muéstrala al mundo.

VEN CONMIGO

Más allá del valle de la ira, la desconfianza, el
dolor, las decepciones y los sinsabores.

Hay un lugar de asombro y alegría.

Hay un lugar que el dinero no puede comprar y al que no se le puede poner precio.

Un lugar que va más allá de los límites del hombre y
más bello de lo que el mundo puede ofrecer.

Un lugar donde los corazones florecen y los
sonidos de la risa se llevan en el viento.

Un lugar de paz y tranquilidad, calidez y ternura.

Un lugar donde las lágrimas son de alegría y las
sonrisas son una experiencia cotidiana.

Puedo mostrarle un lugar con el que la gente sólo
sueña y sobre el que escribe en una canción.

Puedo mostrarte un lugar más allá de tus mayores
sueños y satisfacer tus emociones más profundas.

Un lugar donde puedes florecer y crecer hasta
convertirte en lo mejor que puedes ser.

Deja que te enseñe por qué cantan los pájaros y fluyen los ríos .

Por qué brilla el sol y resplandece la luna.

Mira las estrellas brillantes del universo emparejadas con el brillo de tus ojos

Experimenta el poder del amor y la fuerza a través de la fe.

Experimenta una vida de paz interior y felicidad.

Suelta tus miedos, ponlos a descansar y ven conmigo.
Porque dentro de ti está el don, aprécialo.

Experimenta el mayor regalo en un mundo más
allá de los horizontes del hombre.

Donde los sentimientos son la fuerza motriz y
las emociones alimentan tu alma .

Donde la vida es maravilla para siempre en felicidad, para siempre
en alegría, para siempre en paz, para siempre en amor.

Para siempre.

"Es increíble cuánto más puedes ver, cuando abres tu corazón"

LOS NIÑOS, BIENAVENTURADOS

Un niño quería hacer un regalo a Dios y no tenía ninguno.

Lloró y un anciano escuchó sus lágrimas y le preguntó:

"¿Por qué lloras?".

"No soy más que un niño pequeño. Qué tengo que ofrecer a Dios.

Ojalá pudiera ser como tú, lo tienes todo".

El anciano le respondió: "No llores, pequeño.

Eres el corazón del mundo, la perfección de todos nosotros.

Porque no tienes ira ni venganza.

Tienes incondicionalmente, y no tienen miedo.

Tus llantos son como los de los bebés que necesitan afecto y cariño.

Extiendes la mano para aprender y estás dispuesto a compartir.

No guardas rencor y eres muy comprensivo.

Tus sonrisas son brillantes y cálidas y tus pensamientos tan puros como la nieve.

Tus ojos, felices y tu voz como magia.

Porque incluso los corazones más duros del hombre, escucharán a un niño.

Te miramos a los ojos y vemos alegría.

Miramos en tu corazón y sentimos el amor que hay en él.

Deberíamos ser como vosotros, los niños, los pacificadores del mundo.

Verás, aún no has aprendido los pecados del mundo, y eres sin mancha.

No, no eres tú, para ser como nosotros,
sino nosotros, para ser como ustedes

Eres el regalo que Dios nos ha dado
Y debemos rodearnos de niños,
porque vosotros sois los bienaventurados.

Somos nosotros los que debemos aprender de ti.
¿Cómo lo sé?

"En verdad os digo que si no os convertís
y os hacéis como niños,
no entraréis en el reino de los cielos".
(Mateo 18:3)

NUTRICIÓN

En todo ser vivo, lucha un espíritu por ser libre.

Pero el espíritu está limitado por tanta confusión en el mundo.

*Parece que hemos perdido todas las cosas que alimentan
nuestro espíritu y nuestra alma se está muriendo*

*La fe, la esperanza, el orgullo, el perdón, ya ni soñamos
y ¿dónde ha quedado nuestro honor y respeto?*

La fe, es la creencia en cosas que aún no se ven.

La fe en uno mismo es la voluntad de ir más allá.

Fe en Dios, es saber que cuando tú alcanzas, Dios alcanza también.

Esperanza, es la creencia en aquello por lo que rezas.

El orgullo, es una actitud en las cosas que ves en ti y a tu alrededor.

*Porque si no perdonas a los demás. Dios no te perdonará
y nunca serás libre. La ira será siempre tu guía.*

Los sueños son los deseos y la visión de un día mejor.

Son los frutos de nuestra fuerza.

El deseo de construir un lugar mejor y la visión de un día más feliz.

Porque sin visiones, perecemos.

*Honor, es enaltecer a tu padre, a tu madre, a tu hermano
y a tu hermana, y caminar con dignidad.*

*Respeto, es no menospreciarse ni menospreciar a
los demás, porque somos hijos de Dios.*

Y respetar las cosas que no son nuestras.

Alimenta el alma y vive en paz.

Alimenta el mundo y vive en la confusión.

*No mires lo que otros han conseguido en el
mundo y te juzgues en consecuencia.*

Pero mira en tu corazón y ve la belleza desde tu interior, y déjala crecer.

*Pues de qué sirve ganar el mundo y perder el
alma, no puedes llevártela contigo.*

Déjalo salir, sé un espíritu libre y feliz, dando amor allá donde vayas.

Recuerda, en todo ser vivo, lucha un espíritu por ser libre.

Por eso, cuando miramos el mundo, a veces lloramos.

PALABRAS DE DIOS

Abre tu corazón y escucha estas palabras.

Porque te traigo conocimiento del más alto tipo.

En lo más profundo de tu corazón hay una voz que te habla cada día.

Deja que esa voz se oiga y te guíe siempre, porque esa voz es Dios.

*Porque él está contigo en espíritu y amor, y estará a
tu lado y te guiará en todo lo que hagas.*

Y recuerda siempre que, en tu hora más profunda y oscura, no estás solo.

Y él dirá.

Os amo, hijos míos, porque he derramado mi sangre por vosotros en la cruz.

Sígueme, porque yo soy la luz y el camino.

Porque te traeré paz, felicidad y vida Eterna.

*Porque te he creado a mi imagen y semejanza , y todas
las cosas que hay en ella, no las destruyas.*

El agua que bebes,

El aire que respiras,

Las flores que ves,

Las estrellas que iluminan la noche.

Estas cosas están en el jardín, aprécialas,
mira y ama mi trabajo, es para ti.

Conócete a ti mismo y ámate en paz, porque hay bien en el amor.

Porque cuando dos o más se reúnan en mi nombre,
yo estaré en medio de todos vosotros.

Porque os he hecho a todos diferentes y, sin embargo, iguales.

Porque no sois hijos de las tinieblas, ni hijos de la noche.

Todos sois hijos de la luz.

Vive y aprecia la vida, pues la vida se te ha dado para que seas testigo de mí.

Comparte tu amor con todos los que conozcas, porque ese amor soy yo.

Aprendan la verdad y transmítanla, pues yo lo soy.

Levanta tus manos y alábame, porque te he mostrado
el camino y te he dado una elección.

Búscame primero en todo lo que hagas, porque yo te guiaré .

No tengas miedo de ir por el mundo en mi nombre.

Porque yo estoy siempre contigo,

Paz.

VE A ÉL

Cuando las cosas parecen ir mal

    Y a tu alrededor todo

        Parece que se está desmoronando.

           Sientes que todo el mundo está en tu contra,

              No puedes ganar y sólo quieres

              abandonar.

Ve a Él.

Tus sueños y esperanzas se han desvanecido

    y has perdido el impulso.

        Nadie entiende cómo te sientes ni por qué,

          y no tienes adónde ir.

Ir a Él

Buscas dentro de ti

    y parece que no hay nada.

        Te has vuelto tan frío que encuentras defectos

          en todo lo que te rodea.

Ve a Él.

Te sientas a esperar un milagro,

     esperando a que el mundo te abra los brazos .

No es así.

No es de esa manera.

¿Por qué crees que nadie te

     entiende ni se preocupa por ti?

       Y te preguntas ,

          "¿Dónde encajo, dónde voy?".

¿Realmente lo has olvidado?

¿Realmente has olvidado a dónde ir?

Recuerdas que alguien dijo una vez:

   "Te haces un lugar en el mundo"

     Pero también recuerdas que otro dijo:

      "Hay un lugar en el mundo para ti".

      Las cosas parecen estar muy mal,

       sientes que lo has perdido todo

        y que no tienes adónde ir.

         Y entonces te alejas de Dios,

          y tu mundo se vuelve oscuro y vacío

y te amargas por dentro,

nadie quiere estar cerca de ti.

Si tan sólo pudieras recordar a dónde ir.

Si tan sólo pudieras recordar a dónde ir.

Todo iría bien.

¿No crees que vale la pena salvar tu vida?

TIENES QUE DARME UNA OPORTUNIDAD

Dios, he tenido tantos problemas en mi vida.
Dicen que "la vida es un bol de cerezas, la vida es lo que tú haces de ella".

Pero mira mi vida Dios, mira.
Tomo drogas, también las vendo .

Las drogas, me pusieron en un mundo que no podías creer.
Qué sensación tan maravillosa.

Y los vendo, para que otros también puedan tener la misma sensación.

Y compro coches, y en mis dedos hay anillos de oro.
Y en mi cuello, cadenas que no creerías.
¡Puedo comprar cualquier cosa!

Me dicen: "El dinero lo es todo", pero cuanto más tengo, más quiero.
¿Alguna vez es suficiente?

Mi vida está llena de altibajos.
Estoy constantemente mirando por encima del hombro en busca de problemas.

Mira a tu alrededor, está por todas partes, ¿no lo ves?
Tengo miedo, por dentro lloro y no sé por qué.
No soy feliz, no lo soy.

Dicen que eres la respuesta Dios.

¿Es el camino de mi vida tu respuesta para mí o simplemente me has olvidado?

El Señor le respondió .

Toma tu mano, hijo mío, y alza tus ojos, porque no te he olvidado.

Sé por lo que has pasado y te perdono .

Las cosas que atesoras en este mundo son temporales, yo soy para siempre.

Porque hay un mundo más allá de tus mayores sueños.

Las drogas no pueden llevarte allí.

Hay paz, hay alegría.

Hay felicidad, hay amor.

Hay tesoros en el cielo más grandes de lo que el dinero puede comprar.

Busca en tu corazón tu espíritu y escucha mis palabras.

Tu fuerza crece desde tu interior.

No temas y no llores más.

Estoy contigo.

Levántate y cree en mí.

Déjame mostrarte el mundo más hermoso que jamás puedas imaginar.

Porque primero te amé y siempre te amaré .

Ven a casa.

QUÉ ES EL AMOR

El Amor es Dios y Dios es Amor.

El amor viene de lo más profundo de tu corazón, cree en él.

El verdadero amor es duradero, para siempre.

El verdadero amor es incondicional, sin reglas,
sin fronteras y sin limitaciones.

De algún modo, el amor verdadero hace el mundo más brillante,
tus esperanzas más fuertes y tu vida más grande.

Amor, amores por amor, desde el corazón.

El amor no derriba, sino que construye.

El amor no quita, sino que añade.

El amor no te hace débil, sino fuerte.

El amor saca lo mejor de ti, no lo peor.

El amor te da la razón y las respuestas.

El amor hace que te des cuenta de la belleza de la vida que te rodea.

Oyes el canto de los pájaros por la mañana.

Y oyes el viento soplando entre los árboles.

Las estrellas en la noche, la luna tan brillante.

El sol se ponía, el cielo azul despejado y las
montañas se perdían en el firmamento.

Y de repente te das cuenta de lo hermosas que son las creaciones de Dios.

Y te das cuenta de lo hermosa que eres en realidad .

Y ese amor,

El amor verdadero marca toda la diferencia del mundo.

Y EL SEÑOR DIJO:

"Y el Señor dijo:

Mira las huellas que has dejado atrás

Son las huellas que otros pueden seguir para alcanzar la felicidad y la paz.

¿O son las huellas de un espíritu de ira destinado a ninguna parte.

Mira atrás a todos los problemas por los que
has pasado, mira dónde estás hoy.

Porque fue la gracia la que te salvó y te sacó adelante.

Conoce esto en tu corazón, compártelo en testimonio.

Deja que tu espíritu brille desde dentro e influya en la gente que te rodea.

Que vean en ti al Dios vivo, para que ellos también aprendan a ver la luz.

Enséñales las maravillas de la luz y la belleza que encierra.

Esto, sólo puedes hacerlo, si estás en la luz de Dios.

Porque el camino hacia la destrucción es ancho
y hay muchas huellas en el sendero.

Pero, el camino hacia la rectitud es estrecho y pocos, ¿verás a lo largo del camino?

Estás aquí por un propósito, mi propósito.

Porque tus mejores días no están detrás de ti, sino
delante de ti, y aún están por llegar.

Porque yo, dice el Señor, soy la luz; creer en mí es
vida eterna; la paga del pecado es muerte.

Caminad en la luz de mí y abrid vuestros corazones a todo lo que os rodea.

Porque los ejemplos que des te seguirán todos los días de
tu vida y más allá, y serás responsable de ellos.

Marca la diferencia para la gente que te rodea,
muéstrales el camino, vete en paz.

Sigue las huellas que he puesto ante ti y no fracasarás.

Permanece en el camino y en la luz, porque yo te protegeré siempre.

NO BUSQUES VENGARTE DE
QUIENES TE HAN HECHO
DAÑO. ESPERA EN PAZ CON FE.

"PORQUE MÍA ES LA
VENGANZA" DICE EL SEÑOR

PORQUE LLEGARÁ EL DÍA
EN QUE ELLOS CAERÁN
Y TÚ TE LEVANTARÁS.

QUÉ PUEDE HACER LA ORACIÓN

La oración puede obrar milagros.

Fue la oración lo que liberó a los israelitas de Egipto.

Fue la oración lo que alejó a los leones de David.

Es la oración la que puede salvar a todos los pecadores del mundo.

La oración es la mejor voz de tu corazón a Dios.

Y es la única forma de llegar a Dios para hablar con él.

Porque es a través de la oración que se te da la fuerza para superar todos tus problemas grandes o pequeños.

La oración puede traerte conocimiento y paz a tu alma.

NADIE LLEGA SOLO A ESTE MUNDO.

SI LO CONSTRUYES, VENDRÁ

Si lo construyes, Él vendrá

Constrúyelo alto y fuerte, como los pilares de Roma.

Construye los muros con puertas, para que todos puedan entrar.

*Construye sus cimientos sobre la roca, porque sobre
la roca está el fundamento de tu fe.*

Constrúyelo muy grande, porque hay mucho que dar.

Si lo construyes, Él vendrá.

Pon amor,

pon cariño,

Pon comprensión,

pon bondad,

Ten paciencia, porque la paciencia es una virtud.

Si lo construyes, Él vendrá.

Quita el odio,

quita la codicia,

quita el orgullo,

Elimina la envidia, pues estas cosas corrompen.

Si lo construyes, Él vendrá.

Abre la ventana, para que todos puedan ver dentro.

Retira las sombras de la ira, brilla.

Abre la puerta, bienvenido.

Quita las vallas, porque no sólo impiden que la gente entre, sino que te impiden salir.

Si lo construyes, Él vendrá.

Todas las tormentas no prevalecerán contra ti,

Y los malos momentos del día, son sólo eso, malos momentos del día.

Abre el tejado y mira hacia arriba, pues allí reside tu fuerza.

Si lo construyes, Él vendrá.

Tu corazón, si lo construyes en amor, Él vendrá.

LEVANTARSE

En la vida, nos encontramos con personas muy confusas
y enfadadas consigo mismas y con el mundo.

Te tratan como si no fueras nada y no tienen en
cuenta tus sentimientos ni los de los demás.

Y nos hacen daño y el dolor es muy profundo, y a veces duradero.

Y a veces nos enfadamos mucho por ellos, y si no tenemos
cuidado, empezamos a odiar como ellos odian.

Y entonces nos volvemos como ellos y hacemos daño
a los inocentes, a los que más nos quieren.

Luego hacen daño y aprenden a odiar, y el círculo continúa.

La cadena de odio se hace cada vez más larga.

¿Cuándo parará?

No te enfades con él ni le guardes rencor.

Elévate por encima de todo.

Su camino le ha llevado en muchas direcciones, tú no lo sabes.

El dolor que ha sufrido, las lágrimas, los problemas por los que ha pasado.

Estas son las cosas que te hacen ser lo que es.

Y el mundo está lleno de gente así, y ahí radica la diferencia.

Elévate por encima de todo.

El mundo es un lugar tan hermoso en el que estar.

Los altibajos de nuestra vida ayudan a hacernos y a formarnos.

No lleves esa ira contigo, sólo te ata y te sujeta.

Deja ir las cosas que te enfadan y sonríe.

Porque vendrán muchos días llenos de alegrías y felicidad.

Forma parte de la bondad de la vida y disfruta de la riqueza que te ofrece.

Para cuando los pájaros cantan por la mañana, despertando un nuevo día.

El sol vuelve a salir para calentarnos a todos, a los buenos y a los malos.

Y debemos tomar nota de ello y dar calor allá donde
vayamos, a los buenos y a los malos.

Romper el círculo y la cadena del odio.

Y elevarse por encima de todo.

*TU TRABAJO O
LA SOCIEDAD NO
PUEDEN DECIRTE
QUIÉN ERES TÚ.*

*ERES QUIEN DIOS
DICE QUE ERES*

*ERES MI HIJO Y NUNCA
TE DEJARE NI*

RENUNCIA A TI.

EL CORAZÓN

El corazón no conoce la ira.

El corazón no conoce la venganza.

El corazón no tiene odio.

El corazón sólo conoce la paz,

el amor y a Dios.

Porque cuando el corazón está sin

ninguno de ellos llora como

que haces ahora.

SOLEDAD

Cuando el sol cayó de los cielos, una estrella se alzó contra los mares.

En la orilla de una playa vacía yace un barco de papel hecho por un niño.

En el desierto camina un escorpión, en el viento vuela una hoja.

Un cuadro cuyos ojos nunca se cierran, el viento
del Norte que nunca va hacia el Este.

Flores que se marchitan porque en un manto de nubes duerme el sol.

Un hombre con una idea que nadie entiende.

Un pájaro en el cielo, un gusano en el cemento justo después de la lluvia

Un oso en una jaula de cristal, un león cuyo reino ha desaparecido.

Un cubito de hielo en la estufa caliente, una abeja atrapada en un tarro

Un nuevo alumno en una vieja escuela, sólo una luna, sólo un sol

Hay niebla en la noche y la luz de la calle se va apagando.

SI SÓLO PUDIERA VOLVER...

Si pudieras ver la felicidad que tuvimos.

Si pudieras ver la belleza que construimos juntos como uno solo.

Si pudieras ver el dolor y la destrucción que dejaste atrás.

¿Cómo puedo encontrar a otro como tú, en cualquier parte, cómo?

¿Cómo puedo amar tan bella y tan fuerte después de ti, cómo?

¿Cómo puedo mirar hacia el mañana sin esperanza ni felicidad?

No puedo sin ti.

Sin ti, la vida son sólo segundos en un reloj.

Me diste mi fuerza y mi felicidad.

Me mostraste amor del más alto tipo.

Hiciste que mi vida volviera a merecer la pena y me diste una razón.

Si pudieras ver lo que me está pasando.

Todo sería genial, si pudieras volver...

Todo sería genial, si pudieras volver...

1 - 2 - 3 - 1

La gente dice que cuando alguien que amas te lastima,

no debes dejar de amar a la gente.

Pero, aprendes y debes buscar a otra persona y quererla más.

Me hice mucho daño.

Así que pasé a otro pensando que había aprendido algo.

Al principio, no quería involucrarme demasiado con ella.

Pero era buena y parecía correcta.

Así que le dije dulcemente que la quería, y poco a poco empezó.

Al principio me daba miedo dejarlo crecer porque, si me volvía a hacer daño,

sería peor.

Pero ella me dio mucho, y siempre me dijo que me amaba,

Y no había nadie más,

Entonces le volvió un viejo sentimiento hacia él, y ahora...

Ahora no sabe lo que siente por él.

Sabe que aún le gusta, pero no sabe cuánto.

¿Podría ser amor o un viejo sentimiento que se desvanece?

¡Nunca lo sabré!

Me dijo que siempre me amará pase lo que pase, pero..,

Si ella también lo amaba, ¿qué clase de amor es?

¿Puede una persona amar a dos personas al mismo tiempo?

No sé

Al principio, yo era el único, luego había dos.

Así que me senté a esperar a que se decidiera.

Le di un amor que una vez fue desgarrado.

Pasábamos horas juntos, hablando, riendo y queriéndonos.

Parecía que podíamos entendernos de verdad,

no sólo hablando, sino también sintiendo.

Pero, supongo que no fue suficiente.

Me senté a mirar su foto pensando:

¿Quiero besarla o aplastarla?

Parecía que me estaban haciendo daño de nuevo,

pero sólo lentamente.

Parecía que estaba siendo perseguido, y no sé por qué.

¿Cuánto tiempo podría seguir así,

siempre herido de amor?

Matará el amor mis sentimientos, o

Cuando se acabe,

Si termina,

¿Me quedará suficiente amor para no aplastar una rosa?

ROMPER ES DIFÍCIL

Llega un momento en tu vida en el

que un día tendrás que

desprenderte de lo único que amas

Tus sueños se han convertido en pesadillas

para no volver nunca más mientras intentas aferrarte a un recuerdo

Un día te darás cuenta que el tiempo

os ha cambiado a los dos y ahora debes dejarlo ir

Porque si no lo haces,

podría matarte intentando liberarte

PIENSO EN TI

Pienso en ti como un comienzo tan brillante, guiando mis sueños.

Pienso en tu sonrisa, que me da confianza.

Pienso en tu belleza más encantadora que una flor.

Pienso en tus brazos rodeándome tan cálidos y suaves.

Pienso en una diosa y siempre me vienes tú.

Pienso en vuestros sueños juntos como uno solo.

Pienso en nuestro amor cálido y hermoso.

Pienso en ti y en mí, porque no hay nada que tú y yo no podamos hacer.

MÁS QUE SUFICIENTE

Me pasé la vida queriéndola .

Le di todo de mí, mi tiempo, mi energía, mi amor y mi persona.

Le habría dado el mundo si me lo hubiera pedido.

Calles pavimentadas de oro, luz que brilla en diamantes y un castillo en el cielo.

Islas paradisíacas con cascadas de agua azul pura.

Soñaba con poner el universo a sus pies y hacer de las estrellas una corona que llevar en la cabeza.

El sol no podía brillar lo suficiente, ni lo suficientemente alto, ni lo suficientemente cálido como para compararse con ella, porque ella era todo eso y más.

Me pasé la vida dándole felicidad y paz.

Me pasé la vida cumpliendo sus sueños.

Me pasé la vida ayudándola a alcanzar sus metas.

Pasé mi vida en la miseria amándola.

AMOR PALOMA

Sabes, es gracioso, eso que llaman amor.

El símbolo es un pájaro, un pájaro llamado "Paloma Blanca".

Como el amor, es silencioso y se mueve libremente con el viento.

Este pájaro es hermoso sólo para quienes creen que el amor no es pecado.

Nunca se sabe cuándo este pájaro se posará sobre ti.

Para espantarla hay que decir algo más que "BOO".

Una vez se posó en mi hombro, la alimenté, la acaricié y la mantuve caliente.

Al principio, me pareció muy hermosa, pero luego
reaccionó como una tormenta violenta.

Me mordió y me empezó a doler, empecé a llorar.

Luego se fue volando y me dejó sola.

Sabes, es gracioso, eso que llamas amor.

¿QUÉ TE HACE LLORAR?

La gente dice que cuando te hiere alguien a quien
querías mucho, no debes dejar de querer.

Pero porque te hirieron aprendes algo sobre ti mismo y creces.

Sientes una parte de ti que antes no sabías que tenías.

Te duele y te hace llorar y sentir que eres como la luna,
todo el mundo puede verte pero tú estás solo.

Te deja vacío por dentro (eso crees) y todos tus sueños rotos ante tus ojos.

Pero no es el dolor de perder a esa persona lo que te duele tanto.

Es que - esa era la persona que te hacía tan feliz y ahora te hace llorar.

AMAR

Un fantasma que nunca parece alejarse de mi alma.

Acechando un nuevo corazón desmoronado que revolotea en la nieve.

Caminando por los pasillos de mis recuerdos, sin fin sin fin.

Haciendo que las lágrimas dolorosas se llenen
pero nunca fluyan nunca fluyan.

Muchas veces pienso que sólo dejó mi tumba vacía y fría.

Y tiendo la mano al mundo y lo encuentro también vacío y frío.

Sonidos resonantes de pasiones y amor que me
dicen que vuelva a abrir mi corazón.

Sólo para zambullirse, jugar, desnudarme y destrozarme.

Encadenado a mí se ríe horriblemente causando gran dolor.

Recordándome lo que me volverá a pasar.

EL AMOR NO CONOCE SU PROFUNDIDAD HASTA LA HORA DE LA SEPARACIÓN

LO SÉ

Se dice que "es mejor haber amado y perdido que no haber amado nunca".

Siempre me he preguntado por esas palabras.

¿Es mejor haber amado y perdido?

Cuando amas a alguien y pierdes a esa persona que tanto querías.

Sientes un dolor que no quieres volver a sentir en tu vida.

Lloras y sientes como si lo hubieras perdido todo en el mundo.

Te sientes solo y pequeño.

Nadie ve las lágrimas de tu corazón hasta que
inundan tu cerebro y luego brotan de tus ojos.

¿Es mejor no haber amado nunca?

No sientes dolor y tus lágrimas nunca caen.

Sé que "amé y perdí" demasiadas veces.

SALVAVIDAS

Llegaste a mí en un momento en que no significaba nada para mí.

Me sentía solo y perdido en una rana de la nada.

El eco de los gritos de amores moribundos y corazones rotos
me rodeó, me atravesó y se convirtió en parte de mí.

Ya no era el orgulloso y el fuerte, sino que me había
reducido a nada más que lo que me daba fuerza.

Me sonreíste y me diste la mano.

Dijiste que lo soy y que podía y no dejes que nadie
diga que no lo eres porque lo eres

Y eso fue especial para mí porque me ayudaste a ver.

Que siempre fui y siempre seré.

En un momento de mi vidu de transición en transición
me diste algo especial que nunca olvidaré

Eres una parte muy especial de mí y muy especial en mi vida para siempre.

AMAR

Muéstrame tu amistad para que pueda aprender sobre ti.

Muéstrame tu confianza para que yo pueda confiar en ti.

Muéstrame tu felicidad para que tal vez yo pueda ser feliz.

Muéstrame tu ternura para que yo pueda ser amable.

Demuéstrame que te importa para que pueda preocuparme.

Muéstrame quién eres para que yo pueda mostrarte quién soy.

Mostrarnos mutuamente amor, amor a nuestra manera.

UNA ESTRELLA

Veo una estrella tan clara y brillante

sobre mis sueños.

Su luz brilla siempre por encima de

Todo haciéndome brillar también a mí.

A veces creo que es mío,

a menudo me gustaría serlo.

Una galaxia agrupada de estrellas

que una estrella que veo.

Una estrella

Una estrella

Y pensando en ti.

ELLA ES TODO Y TODO

Sus ojos brillaban como diamantes posados en la arena iluminada por el sol.

Su sonrisa era cálida y alegre.

Tiene una piel tan suave que las rosas se sonrojarían por su suavidad.

Su pelo era suave y tenía rizos.

Caminaba como una reina, tan hermosa y orgullosa.

Su voz era suave y tranquila y cuando me hablaba, me calentaba por dentro.

Sus risas eran alegres y sus gritos, como suaves
gotas de rocío que caen del cielo.

Tan dulce, tan cálido, tan natural.

Pero cuando me miraba con esos ojos,

sonreía y me hablaba, me derretía como la mantequilla.

Porque era y es una belleza digna de contemplar.

CRISTAL DE VENTANA DE AMOR

Cada vez que te veo, quiero estar contigo.

Tu sonrisa es cálida y dulce.

El brillo de tus ojos me recuerda a las estrellas.

La suavidad de tu cabello,

Y la suavidad de tu piel, no podría igualarse con nada en la tierra.

Su paseo es con estilo, y elegancia.

Eres la mujer que las mujeres quieren ser, y la
mujer que los hombres quieren tener.

Un hombre sólo necesita una mujer, y una mujer sólo necesita un hombre.

Para mí eres hermosa y te respeto mucho.

Las muchas cosas que haces las miro sólo porque las haces.

Eres adorable para mí, y me gustaría que pudieras ser más.

Que todos los días anteriores a ti, sean mejores que todos los días posteriores.

Por ahora, me limitaré a observarte desde la ventana con
la esperanza de que algún día tú también me veas.

Porque me has dado una mirada a la belleza en color vivo.

MIRA SOLO MIRA

Mírala a los ojos y verás cómo brillan, porque son las ventanas de su alma.

Mira su sonrisa cuando te mira.

Mira su forma de andar, ¿es con elegancia o con atrevimiento?

Mira cómo te tiende la mano, ¿es por amor o por codicia?

Mira cómo te sujeta, ¿es para abrazarte o para atarte?

Mira cómo te ayuda, ¿es sólo después de que tú la
hayas ayudado primero, o importa?

Mira cómo está, ¿a tu lado, contigo o contra ti?

Mira como te sigue o lo hace.

¿Está dispuesta a ayudarte o a dejarte caer?

Mira, sólo mira.

Fíjate en lo que hace y no siempre en lo que dice.

Porque los hechos hablan más que las palabras.

Busca a Dios en su corazón y en sus ojos.

Porque si no puede llorar por Dios, ¿cómo va a llorar por ti?

Mira cómo trata a los demás porque así es como te tratará a ti.

Mira lo que ve en ti, ¿es lo que eres hoy,
o es lo que podrías ser, o deberías ser?

Porque no deberías ser nada excepto lo que eres.

Mírala, ¿se respeta a sí misma, si no, cómo puede respetarte a ti?

Mira su vida, ¿está viviendo para Dios o para el mundo.
No puedes tener las dos cosas.

Mira a ver qué es importante para ella, ¿es ella misma?

No la mires y te encante lo que ves.

Pero mira en ella y ama lo que sientes.

Porque el amor es más fuerte cuando no se habla.

BAJO LA CRUZ

La vi por primera vez en el lugar más sagrado.

Bajo la cruz estaba tan hermosa y vibrante.

Oí su voz y en ese momento me di cuenta de que estaba realmente bendecida.

Su voz fue bendecida por los ángeles que la rodeaban.

Su belleza era la de una rosa, tan hermosa y sus pétalos tan suaves.

Así que pensé:

Aquí voy de nuevo, por el único camino del amor, un camino que ya he recorrido muchas veces.

¿Es ella real como parece ser, como una rosa tan elegante.

¿Es ella la indicada para mí, la que completa mi círculo?

¿O es sólo de plástico y sólo queda bien debajo de la cruz?

En este caso, como en todos, el tiempo lo dirá y ahí está la pena.

El tiempo responde a todas las preguntas, siempre, pase lo que pase.

#

La lucha es la esencia del ser.

Porque si no hay lucha

no habrá propósito.

Sin propósito,

No hay sentido, no hay impulso.

Sin impulso no hay sueños.

Sin sueños nos parroquializamos.

Si tienes un problema sin solución, a veces comprender

El problema es la solución.

Si tienes resentimiento, encuentra la paz con él.

Si tienes codicia, déjala.

Desea la bondad en la gracia.

Si tienes una batalla, lucha

Porque cuanto mayor es la batalla, mayor es la victoria.

Afronta tus retos y fortalece tu fe.

Cuando tienes una cruz que llevar, es tu cruz

Llevarla.

Cuando se presentan encrucijadas, hay que cruzarlas

Así es como se aprende.

Si no hubiera valles, no habría colinas.

"La lucha no tiene por objeto destruirte, sino hacerte crecer".

Cree en lo correcto, haz el bien y recuerda.

Bienaventurado el que lucha

Porque será consolado.

"Y muy pronto un día podrás decir: "Y recuerdo cuando"

MI PALABRA

Mi Palabra está en ti, ¿por qué lloras y lloras tanto?

¿Seguro que no es para mí?

No les digas que estoy en ti. Deja que me vean en ti.

Te di tu camino, para que pudieras caminar en Mi Palabra.

Te di tu voz, para que hablaras en Mi Palabra.

Yo te di brazos, para que pudieras alcanzarlos y enormes en Mi Palabra.

Te di tus ojos para que cuando la gente mirara en ellos,

vieran Mi Palabra.

Te mostré el camino que te llevaría a Mi Palabra.

Te di tribulaciones para construir tu fuerza, En Mi Palabra.

Porque la gracia no es para los rápidos ni la batalla para los fuertes.

Pero la victoria ha de ser esa resistencia hasta el final.

Te di un regalo para compartir con el mundo, en Mi Palabra.

Te di un milagro, la vida misma, para que vivieras, en Mi Palabra.

Te di amor, amor para compartir, en Mi Palabra.

Porque en el principio era mi Verbo, y mi Verbo se hizo carne.

La creencia no es para ellos en ti, sino para ti en mí.

Puse Mi Palabra en ti, y Mi Palabra es la luz,

Y esa luz está en ti.

Y cuando te miren y vean esa luz dentro de ti.

Me verán.

Entonces creerán en mí por la luz que ven, en ti.

¿HASTA DÓNDE PUEDE
LLEGAR UN HOMBRE?
EN CUANTO A SU "FE"
SE LO LLEVARÁ .

Ayer
es quien eras.

HOY.
es quién eres.

MAÑANA
es lo que serás.

ACERCA DEL AUTOR

Duane E. Haynes nació en Denver, Colorado y cuyos padres fueron Jimmilee and Elmer Haynes II. Duane nació diez minutos después que su hermano gemelo, Darrell, uno de cinco hermanos. La vida de Duane cambió cuando a los doce años sufrió una caída que puso en peligro su vida. El accidente dejó a Duane en coma durante unos tres días. Cuando Duane volvió en sí, había cambiado. Recuerda haber estado en un lugar que ahora conoce en su corazón como el Cielo. Al hablarle de ello dice: "Dios me mostró todo el Cielo y el Amor. Entonces me dijo lo que debía hacer, me dio un regalo y me dijo: "Vuelve al mundo y dales este regalo, díselo, para que puedan encontrar el camino a casa". Dos meses después Duane empezó a escribir, y lo que este joven escribía llamó la atención de quienes lo leían. Lo que escribió confundió incluso a sus más allegados. Su perspicacia y profundidad les resultaban incomprensibles a una edad tan temprana. Para algunos, sus poemas son profecía; para otros, perspicacia; para él, son la puesta en común de su don. Hubo un periodo oscuro en su vida en el que se sintió perturbado por el mundo, y sus escritos durante ese tiempo muestran su agitación.

Duane escribe ahora desde un nuevo corazón y una nueva perspectiva. Su amor a Dios y a los demás está en el primer plano de su ministerio. En su poesía intenta que la gente se mire a sí misma y a los demás a través del ojo de Cristo con la esperanza de que cambien sus vidas. El autor ha escrito artículos premiados, obras de teatro y, por supuesto, poesía que se ha publicado en todo el país. Entre sus escritos figura un libro de poemas titulado Piensa en ello (y tú) publicado en 1973.

Entre los logros de My Haynes figuran Nominado; Mejor libro de poesía de no ficción del mundo" y "Mejor libro de poesía inspiradora de no ficción del mundo". then followed by "Hombre destacado del siglo", "100 líderes de influencia mundial", "2000 intelectuales destacados del siglo XX", por el Centro Biográfico Internacional de Cambridge, Inglaterra, y "Quién es quién en el mundo, 2000", por Marquis, NJ. Duane también ha sido honrado con su "Fellow" FABI y "Order of international Ambassador" (OIA) por el American Biographical Institute de Carolina del Norte, EE.UU., en el año 2000.